bene!

Rainer M. Schießler

— GEDANKEN, DIE GUT TUN —

Sag, was du denkst. So lebt sichs leichter.

PROLOG

Eines Tages stand jemand nach dem Gottesdienst vor der Kirchentür und sprach mich an. Der Mann sagte, dass er beabsichtige, sich im Haus gegenüber »einzukaufen«, und fragte mich direkt: »Wie oft, wann und wie lange läuten Sie eigentlich die Kirchenglocken?«

Ich antwortete mit einem Lächeln: »Wenn es Sie in unsere Nachbarschaft drängt: Für Sie läute ich stündlich, halbstündlich, viertelstündlich, bis in die tiefe Nacht, frühmorgens und sonntags extra. Sondergeläut vor Hochzeiten, Taufen, vor jeder Andacht, an Geburtstagen, Allerheiligen ... wenn Föhn ist ... Eigentlich läuten wir durchgehend. Und wir haben die schönsten, größten, durchdringendsten Glockengeläute Münchens.«

Mein Gegenüber sah mich fassungslos an. Scheinbar war er sich nicht sicher, ob ich scherze …

Wie oft halten wir mit unserer Meinung hinter dem Berg, auch wenn es eigentlich dran wäre, unsere Stimme zu erheben? Und später ärgern wir uns und denken: »Hätt' ich doch bloß was gesagt.« Das, was wir zurückhalten, das Unausgesprochene, belastet unsere Seele.

Wir sind keine willenlose Wetterfahne, sondern für unser Klima selbst zuständig, für alle Hochs und Tiefs, sind füreinander da wie Sonne, Wärme und ein erfrischender Regen. Seien wir daher gut zu uns selbst, denn nur, wer sich selbst etwas wert ist, kann auch für andere wertvoll und liebenswert sein. Kann teilen und verschenken, was er hat, und erschafft so ein Fundament, auf dem andere aufbauen können.

Dann kann sich das Neue durchsetzen: Brüderlichkeit, Gewaltfreiheit, Liebe. Es ist alles schon da, es liegt nur an uns.

Ich möchte Ihnen Mut machen, zu sagen, was Sache ist. Position zu beziehen, auch wenn Sie damit vielleicht anecken. Denn ich bin überzeugt: Es braucht gerade jetzt Menschen, die für ihre Überzeugungen eintreten und sich engagieren. Christinnen und Christen, die sich für ihre Mitmenschen starkmachen, ganz im Sinne Jesu.

Ein schöner Nebeneffekt: Es tut einfach auch gut, ins Handeln zu kommen, auszusprechen, was man denkt. So lebt sichs leichter.

Rainer M. Schießler

AUFGABEN

Bevor einer meint, in seinem
Leben Berge versetzen zu müssen
oder zu können: Der sollte es
vorher mit Steinen probieren.
Dann könnte er damit Brücken
bauen zu den anderen.

OBACHT

Immer wieder flüstert uns ein leises Stimmchen Warnungen ins Ohr. »Mach das bloß nicht, das könnte Ärger geben.« Andere Menschen ermahnen uns, dass wir uns zurückhalten sollten. Aber Angst ist meist ein schlechter Ratgeber.

FESTSTELLUNG

Wer seine Ängste und Sorgen wie
ein Netz um sich spinnt, braucht
sich nicht zu wundern, wenn er
dadurch noch mehr einfängt.

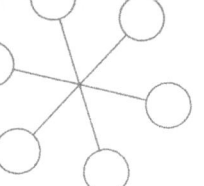

SCHATTENSEITEN

Wer nicht über seinen Schatten
springen will, wird ständig hinter
seinem Schatten, grau in grau leben
müssen und sich nur selten an der
Sonne erfreuen können.

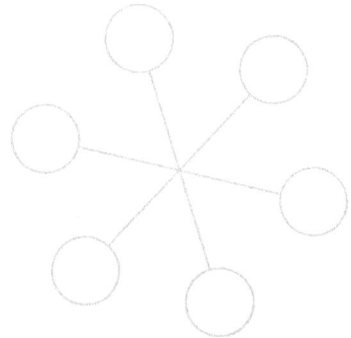

STANDPUNKT

Ich mache das, was ich für richtig
halte. Und ich mache es ganz
oder gar nicht.

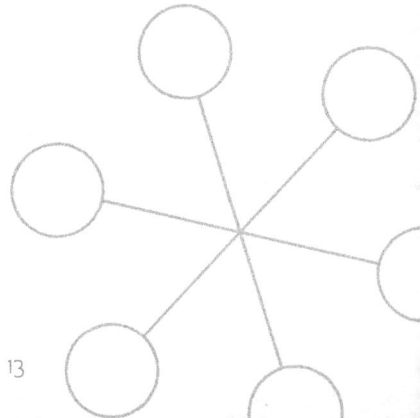

BESSER?

Lass es gut sein!
Wenn du etwas nicht besser
machen kannst.
Gut ist weit mehr als besser!
Weil das Bessere leicht zum Feind
des Guten werden kann.

BEI SICH BLEIBEN

Achte nicht so sehr auf das,
was andere tun.
Achte vielmehr auf das,
was sie unterlassen und
nur du tun kannst.
So entsteht Achtsamkeit
unter uns.

ERFAHRUNGEN

Gott schenkt uns die Freiheit, zu
entscheiden. Ja zu sagen – oder
Nein. Er lässt uns den freien Willen,
auch um den Preis, dass dadurch
manches anders läuft als vielleicht
von ihm erhofft.

GEMEINSAM

Der Mensch ist ein Engel mit nur
einem Flügel.
Er suche wenigstens einen
zweiten Mitmenschen, damit er
sich in Liebe und Freude aus der
Erdenschwere leicht erheben kann.
Dann kannst sogar du fliegen!

UNTERWEGS

Als Taxifahrer habe ich die
Grundregeln der Seelsorge gelernt:
Stelle dich ohne Vorurteile auf
dein Gegenüber ein, öffne die
Türen und heiße willkommen.

RICHTIG EINORDNEN

Höre genau zu, was dein Gegenüber
möchte, wohin sie oder er eigentlich
will und wie eilig es ist.

HÖREN

Was laut ist, zerstört Gefühle
und Gedanken.
Die schönsten und besten
Dinge entstehen als große oder
kleine Wunder, meist lautlos
mit Herz und Hand.

VERBUNDEN

Einen Menschen,
mit dem man geweint hat,
wird man nie vergessen.

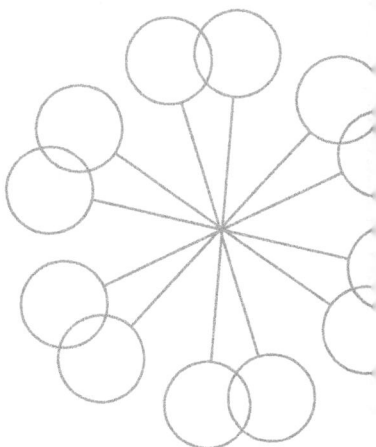

OFFENHEIT

Nimm jedes Signal auf, ohne es
gleich in irgendeine Schublade
einzuordnen und damit vielleicht
misszudeuten.

TAXIFAHRERWEISHEIT

Strahle unerschütterliche Ruhe aus,
egal, wie groß das Getümmel um
dich herum gerade ist.

THEATER

Zuversicht kann man nicht
spielen, erst recht nicht,
wenn du dich verfahren hast.
Zuversicht muss von
innen leuchten.

OBEN UND UNTEN

Bleib immer schön
auf Hühneraugenhöhe!

ÜBERRASCHUNGEN

Du musst damit leben, was im
Leben auf dich zukommt –
und du kannst damit umgehen.

gutes leben
bene!

**Es ist an der Zeit,
Haltung zu zeigen.
Sich für das Gute
zu entscheiden.
Für sich und andere
zu sorgen.**

Neues von
Sarah Vecera,
Margot Käßmann,
Frank Berzbach,
Peter Tauber
u. v. m.

VERLAGSGRUPPE
Droemer Knaur*

Mehr Verständnis füreinander entwickeln

In vielen Bereichen unserer Gesellschaft herrschen auch im 21. Jahrhundert immer noch Strukturen, die ein gerechtes und gutes Miteinander erschweren. Menschen mit Behinderung, Menschen, die arm oder nicht weiß sind oder auf eine andere Weise aus der vermeintlichen Norm fallen, werden diskriminiert und benachteiligt. Das passiert auch in der Kirche. Sarah Vecera lädt gemeinsam mit den anderen Autor*innen dieses Buches dazu ein, sich von fatalen Denkmustern zu verabschieden und Neuanfänge zu wagen, damit ein gerechteres Leben für alle möglich wird.

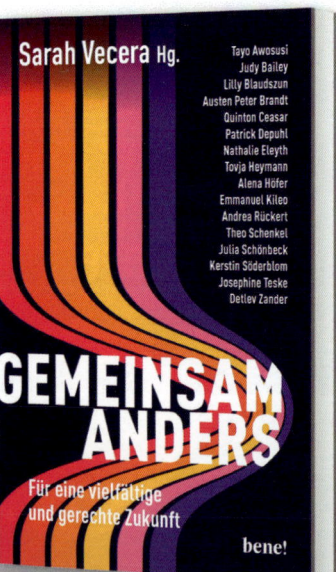

Sarah Vecera (Hg.)
Gemeinsam anders
Steifbroschur
224 Seiten · 12,5 × 20,5 cm
ISBN 978-3-96340-334-7
€ (D) 22,00

Das Beste kommt noch!

Gelassen und voller Zuversicht älter werden – wer wünscht sich das nicht? Sehr persönlich beschreibt Margot Käßmann den Start in die besten Jahre: Worauf kann ich mich freuen? Welche Schwierigkeiten gilt es zu meistern? Was stärkt mich auf meinem Weg? Es geht um tragende Freundschaft, Familie aber auch um das Alleinsein. Um Gewohnheiten, die Bestand haben, um Veränderung, um persönliches Glück und Scheitern, neu gewonnene Freiheiten und Kraftquellen. So macht dieses Buch Lust, hoffnungsvoll in die besten Jahre zu starten! Die Geschenkausgabe des Bestsellers.

Margot Käßmann
**Schöne Aussichten
auf die besten Jahre**
Hardcover mit Schutzumschlag
240 Seiten · 12,5 × 20,5 cm
ISBN 978-3-96340-325-5
€ (D) 22,00

Mit Bildern von
Eberhard Münch.

Auch erhältlich:
Farben der Hoffnung
ISBN 978-3-96340-225-8
€ (D) 22,00

Weniger Kopf, mehr Herz

Manchmal sind wir von etwas bewegt, was sich uns nicht sofort erschließt. Oft sind solche Momente mit Scham verbunden. Dabei vergibt man sich so viel, wenn man sich der Rührung verweigert statt sie zu suchen. Theologe Felix Leibrock ist sicher: Auch in unserer Spiritualität braucht es eine größere Offenheit für emotionale Nähe. Jesus war ein Berührer. Er umarmte viele Menschen, gab Aussätzigen die Hand. Seine Worte bewegen Menschen tief im Herzen. Das Buch für alle, die sich nach einem neuen, emotionalen Zugang zu christlicher Spiritualität sehnen.

Felix Leibrock
Göttliches fühlen
Hardcover mit Schutzumschlag
192 Seiten · 12,5 × 20,5 cm
ISBN 978-3-96340-314-9
€ (D) 22,00

Das perfekte Geschenk zur Einschulung

In diesem Geschenkbuch hält Margot Käßmann – die selbst vier Töchter
und sieben Enkelkinder hat – das Besondere der Einschulung in einfühl-
samen Texten fest. Darüber hinaus bietet der hochwertig ausgestattete
Band Platz für gute Wünsche und persönliche Erinnerungen.

Margot Käßmann
Alles Gute zur Einschulung
Hardcover
48 Seiten · 15,9 × 16,5 cm
ISBN 978-3-96340-304-0
€ (D) 12,00

Erscheint am 30. April 2025

Der Lauf deines Lebens

Der ehemalige Spitzenpolitiker Peter Tauber hat selbst erfahren: Wenn es im Leben wieder einmal richtig dicke kommt, dann heißt es für ihn Lauf los!: *»Dank des Laufens konnte ich mich auf das Wesentliche konzentrieren. Oder auch einfach mal vergessen, was mich gerade plagt. Wenn wir die Laufschuhe schnüren, dann haben wir eine ganz neue Kraft.«* Peter Taubers Buch über die Erfahrung und Lebenskunst, laufend neu aufzubrechen ist eine Ermutigung, an sich selbst zu glauben, sich etwas zuzutrauen und manchmal auch etwas zuzumuten.

Peter Tauber
Lauf los
Hardcover mit Schutzumschlag
192 Seiten · 12,5 × 20,5 cm
ISBN 978-3-96340-332-3
€ (D) 20,00

Auch erhältlich:
Mutmacher
ISBN 978-3-96340-236-4
€ (D) 20,00

Das Leben wieder mehr genießen

»Leichtigkeit« – schon das Lesen dieses Wortes hinterlässt ein wohliges Gefühl. Rainer Haak formuliert es so: »*Leichtigkeit heißt, dass ich mich aufrichte und dem Himmel zuwende, dass ich meine inneren Flügel nutze und beim aufregenden Spiel des Lebens voller Zuversicht dabei bin*«. In Rainer Haaks Geschichten begegnen wir Menschen, die ihren Kopf und vielleicht auch ihren Keller befreit haben von all dem Ballast, der ihnen das Leben bislang schwer gemacht hat. Ein Buch, das zeigt, wie befreiend es sein kann, mit leichtem Rucksack unterwegs zu sein.

Rainer Haak
77 mal Leichtigkeit
Hardcover mit Veredelung
176 Seiten · 11,5 × 19 cm
ISBN 978-3-96340-231-9
€ (D) 12,00

Besondere Empfehlungen

Umwelt- und Klimaschutz sind eine Marathon-Aufgabe, weiß Prof. Dr. Achim Kampker. Der visionäre Ingenieur arbeitet an der Stadt der Zukunft. Er sagt: »*Im Grunde ist schon alles da, was wir brauchen, um ökologisch vernünftig zu leben.*« Ein positiver und lösungsorientierter Umgang mit dem Thema, das uns alle beschäftigt!

Hardcover mit Schutzumschlag · 224 Seiten
ISBN 978-3-96340-299-9
€ (D) 22,00

Martin Schleske ist Geigenbaumeister und Physiker. Seine Instrumente werden auf den großen Bühnen dieser Welt gespielt. Schleskes Forscherdrang und sein Handwerk spiegeln sich auch in seinen Texten. Immer wieder geht es um Resonanzerfahrungen mit dem Geheimnis Gottes, um Glaube und Gebet.

Hardcover mit Schutzumschlag · 656 Seiten
ISBN 978-3-96340-240-1
€ (D) 29,00

Für eine lebendigere Kirche

Der eine ist der wohl bekannteste Pfarrer Deutschlands, der andere steckt als Kirchenpfleger hinter vielen verrückten Ideen der katholischen Gemeinde »St. Maximilian« in München: Rainer M. Schießler und Stephan Maria Alof sind seit mehr als 25 Jahren ein unschlagbar kreatives Duo. Die beiden setzen alles daran, den Glauben zeitgemäß ins Gespräch zu bringen. Zugleich entwickeln sie eine Perspektive für die Kirche von morgen. Eine Einladung zur inneren Positionsbestimmung in Glaubensfragen. Und ein Fundus an Spaß und Humor. Der Bestseller als Taschenbuch.

Rainer M. Schießler, Stephan Maria Alof
Seid ihr noch zu retten?!
Taschenbuch
224 Seiten · 12,5 × 19 cm
ISBN 978-3-96340-224-1
€ (D) 14,00

Zuversicht ist eine innere Kraft, die vieles zum Positiven verändern kann. Mit ihrer Hilfe können wir in schwierigen, scheinbar aussichtslosen Situationen neue Perspektiven entdecken. Bestsellerautorin Melanie Wolfers zeigt Wege auf, wie wir Zuversicht gewinnen und stärken können.

Hardcover mit Veredelung · 160 Seiten
ISBN 978-3-96340-206-7
€ (D) 14,00

»Seelenfutter« – das sind gute Gedanken, bewährte Lebenshilfe-Tipps, hilfreiche Fragen und Impulse. In diesem Jahreslesebuch hat Jan Frerichs 365 Texte zusammengetragen, für jeden Tag des Jahres einen. Denn auch unsere Seele braucht Nahrung. Etwas, das uns guttut, Hoffnung und Zuversicht nährt.

Hardcover mit Veredelung · 384 Seiten
ISBN 978-3-96340-295-1
€ (D) 22,00

Das Leben als Reise zu sich selbst

Das Leben liegt vor uns wie eine unbekannte Landschaft, die es zu durchqueren gilt. Mitten im Alltag träumen wir von einem anderen, einem besseren Leben. Immer wieder müssen wir neu aufbrechen und uns Herausforderungen stellen. Damit die Transformation gelingt und wir auch innerlich wachsen, ist es wichtig, sich bewusst zu machen, worauf es wirklich ankommt. Dazu laden Melanie Wolfers und Andreas Knapp ein. Sie selbst haben in ihrem Leben große Umbrüche erlebt, verbinden eigene Erfahrungen mit grundsätzlichen Überlegungen und Fragen zur Selbstreflexion.

Melanie Wolfers, Andreas Knapp
Atlas der unbegangenen Wege
Hardcover
224 Seiten · 12,5 × 20,5 cm
ISBN 978-3-96340-323-1
€ (D) 24,00

Auch erhältlich:
Glaube, der nach Freiheit schmeckt
ISBN 978-3-96340-257-9
€ (D) 20,00

Farbe bekennen für die Demokratie

Immer wieder haben Christinnen und Christen Haltung gezeigt. Auch im Rahmen der Evangelischen Kirchentagsbewegung. Es braucht unser aller Einsatz für Demokratie und Menschlichkeit. Und es ist notwendig, Position zu beziehen: gegen Hass und Hetze, rechtes Gedankengut, Ungerechtigkeit, Umweltzerstörung, Kriegstreiberei. Margot Käßmann schreibt über die Freiheit, die das Evangelium verheißt, über den Kern des Christentums: über Glaube, Liebe, Hoffnung. Aber sie blickt auch auf die Geschichte des protestantischen Widerstandes und des Kirchentages zurück.

Margot Käßmann
Seid mutig und stark
Hardcover
128 Seiten · 11,5 × 19 cm
ISBN 978-3-96340-330-9
€ (D) 14,00

Überraschend anders

Seit der Antike beschäftigt uns die ars vivendi – »die Kunst zu leben«. Was macht sie aus? Dazu will Frank Berzbach Anregungen geben: von A bis Z, in 69 Miniaturen; mal sachlicher oder poetischer, ästhetischer oder kulturkritischer – je nach Stichwort. Allen Texten gemeinsam ist: Sie sollen dem Alltag mehr Tiefe geben.

Frank Berzbach
Das Alphabet der Lebenskunst
Hardcover
448 Seiten · 12,5 × 20,5 cm
ISBN 978-3-96340-287-6
€ (D) 28,00

Auch erhältlich:
Die Kunst zu glauben
ISBN 978-3-96340-247-0
€ (D) 24,00

Leuchtender Gruß

Ausdrucksstarke Licht-Motive des bekannten Künstlers Andreas Felger.
Von Hand verpackt in einer hochwertigen Schachtel; mit weißen
Umschlägen.

Motive aus dem Kartenset, jeweils zweimal enthalten:

Andreas Felger
Blüte – Kartenset
10 Faltkarten mit Umschlägen
im Schmuckkarton · 12 × 17 cm
GTIN 4251693904212
UVP € (D) 20,00

Auch erhältlich:
Lichtblick – Kartenset
GTIN 4251693904397
UVP € (D) 20,00

AUF DER KREUZUNG

Egal, was kommt, du wirst eine
Lösung finden ... Wer so denkt,
kommt weiter.

WO GOTT WOHNT

Die Einsamkeit
der Wüste ist
ursprünglich das
Aufenthaltsgebiet Gottes.

AUSZEIT

Wer aus der Quelle des
Schweigens getrunken
hat, für den wird
alles zum Gebet.

SPIEGELBILD

Arbeit macht das Leben süß,
heißt es, warum dann
tagsüber sauer sein?
Sieh deine Tagesarbeit daher
fröhlich an, und sie blickt
ebenso freundlich zurück.

WEISHEIT

Von den Blüten und Bienen
können wir lernen:
Sie beschenken einander
und bringen so gemeinsam
reiche Frucht.

GLAUBE

Der Glaube versetzt die Berge,
die der Zweifel aufgetürmt hat.

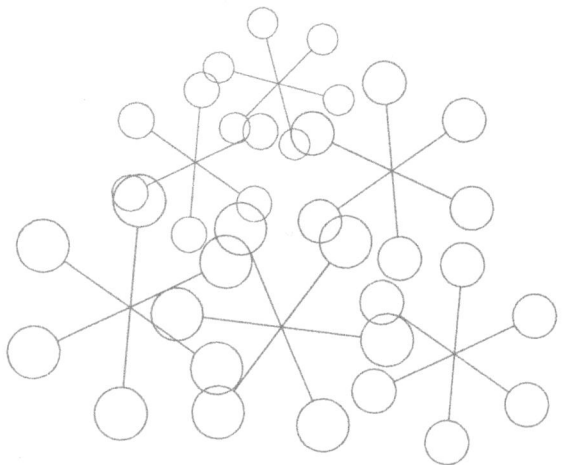

GLAUBE II

Der Zweifel ist eine Vogelscheuche.
Es dauert nicht lange, dann nisten
Amseln auf ihrem Hut.

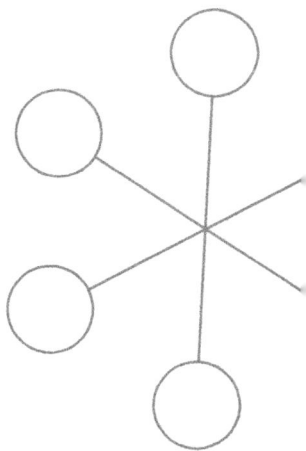

ERLEICHTERUNG

Indem du bereit bist zu verstehen,
dass es einen Sinn gibt, der auch
hinter dem Sinnlosesten verborgen
ist, dass du beschützt und behütet
bist, wird es leichter.

EIN GUTER TAG

Wenn du auf dieses Behütet- und
Geborgensein vertrauen kannst,
so ist jeder Tag ein guter Tag.

GLÜCK

Glücklich kann nur derjenige sein,
der sein Wollen und Handeln
gezielt auf das beschränkt, was
er selbst sinnvoll beeinflussen
und gestalten kann.
Alles andere müssen wir aushalten
und annehmen.

ALLES, WAS WIR WOLLEN?

Wer nicht dankbar sein kann für das,
was er hat, wie soll er es sein, wenn
er alles bekommt, was er wollte?
Manchmal kann es ein Segen sein,
wenn Gott uns Steine in den Weg
legt, damit wir nicht vor den
Schwierigkeiten weglaufen,
die sich sonst ungelöst an unsere
Fersen heften.

KLUG WERDEN

Die Waage unseres Lebens hat
zwei Schalen: Kopf und Herz.
Entscheidend ist das Schwer-
gewicht bei jedem von uns.

WOHIN?

Du sollst deine Bestimmung
finden und leben!

MESSLATTE

Prüfe alles und behalte
das Gute!

KLEIN ODER GROSS?

Unter den vielen Fächern unseres
Lebens gibt es eines, nach dem zu
oft gegriffen wird: Ungeduld.
Am besten wäre das Fach
Gelassenheit. Wenn du lächerliche
Kleinlichkeiten loslassen kannst,
hast du schon Großes gefunden!

GANZ VON ALLEINE

Ohne Geduld wächst nichts, nicht
einmal ein Gedanke.
Mit Geduld kommen die guten
Gedanken wie von ganz allein.

KERNTHESEN

Mit dem oder jener ist nicht gut
Kirschen essen?
Du kannst es, wenn du auf die
Kerne achtest. Sie raten zum
Ausgleich, dann schmecken
auch die Kirschen.

WECHSELSEITIG

Wer einen Freund sucht, der ohne
Fehler ist, wird einsam bleiben
und sich schwertun, selber eines
anderen Freund zu werden.

ZWISCHEN DEN ZEILEN

Wenn du einen Menschen
verstehen willst, höre auf das,
was er dir verschweigt.

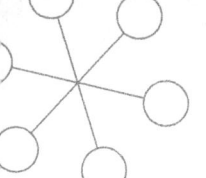

WEGWEISEND

Wir sind einander nichts anderes
schuldig als die Liebe!

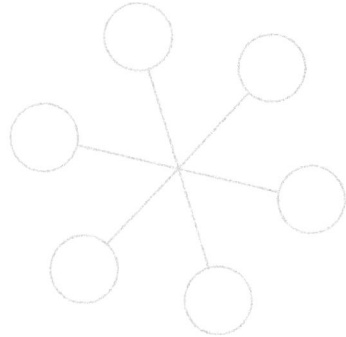

WIE DU MIR ...

Echte Liebe ist niemals ein
Tauschgeschäft mit Forderungen
(»Wenn du mich liebst, dann ...«),
denn so beginnt immer Gewalt.

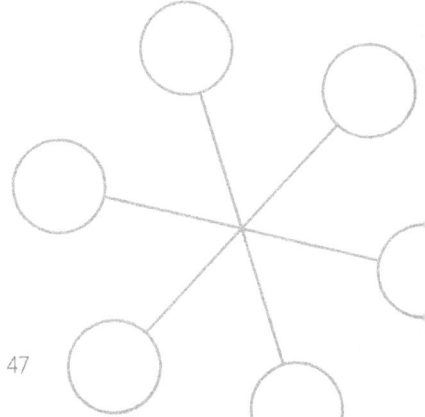

KEINE ANTWORTEN MEHR

Wenn wir uns fragen: »Warum liebe ich diesen Menschen?«, wird es viele Antworten geben. Gibt es am Ende keine Antwort mehr, und spürt man dennoch die Liebe, dann ist es die wahre Liebe.

ACHTSAM SEIN

Liebe entsteht Tag für Tag neu –
oder sie stirbt.

LEUCHTEN

Das Einzige, worauf es ankommt,
ist, ob wir uns in unserer Lebenszeit
entschieden haben, heller und
wärmer zu brennen – und mehr
Licht zu geben, für andere.

GUTE AUSSICHTEN

Ein Meer von Lichtern macht die
Nacht zum Tag.

AHNUNG

Keine Liebe schenken,
keine Liebe empfangen
gibt eine Ahnung davon,
was die Hölle sein muss.
Besser dagegen ist es, den
Himmel auf die Erde zu
bringen durch unsere Liebe.

DAZUGEHÖREN

Liebende gehören ins Inhalts-
verzeichnis der Menschheit.
Unsere Sorge muss es sein,
unbedingt einen Platz darin
zu erhalten.

MEHR?!

Teilen und keine Angst haben,
dass es dann für mich selbst nicht
reicht – das macht reich.

SCHLÜSSELMOMENT

Wir müssen jetzt leben.
Hier und heute.

WUNDERN

Es mag sein, dass einer bewundert
wird, weil er angeblich in die
Zukunft schauen kann.
Ein größeres Wunder soll es für
dich sein, deine Gegenwart zu
leben und zu lieben.

ABWARTEN?

Die größte Sünde ist das
ungelebte Leben.

WEISHEIT

Die Entschiedenen und die
Mutigen, das sind am Ende
die Entscheidenden!

ENTSCHEIDUNGEN

Wenn wir nichts entscheiden,
kommen wir nicht voran.
Und oft ist es besser, sich in
Bewegung zu setzen, als stehen
zu bleiben, nur weil man sich
nicht sicher ist, ob man wirklich
losziehen soll.

ZUSPRUCH

Du darfst gewiss sein, dass du nie
alleine bist, dass eine größere Macht
dich beschützt und durch den
heftigsten Schlamassel bringt.

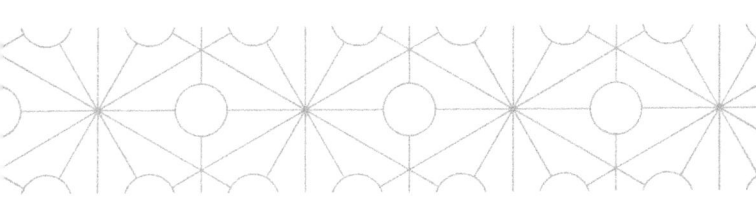

GLÜCKSELIG

Die Seligpreisungen Jesu wollen
zu einem gesunden Leben führen,
das bedeutet: nicht den Großen
spielen müssen; zu sich und seinen
Fehlern stehen.

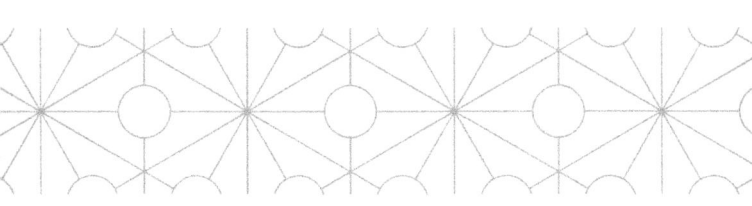

GLÜCKSELIG II

Die größere Gerechtigkeit Jesu im
Blick haben, die dem anderen nicht
nur gibt, was ihm zusteht, sondern
das, was er wirklich braucht.

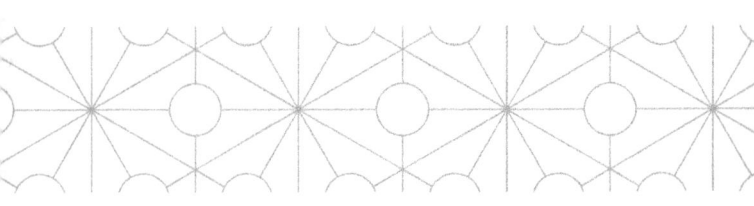

GLÜCKSELIG III

Achtsam mit allem umgehen,
was lebt.
Im Frieden mit sich selbst –
und so um Frieden bemüht sein.

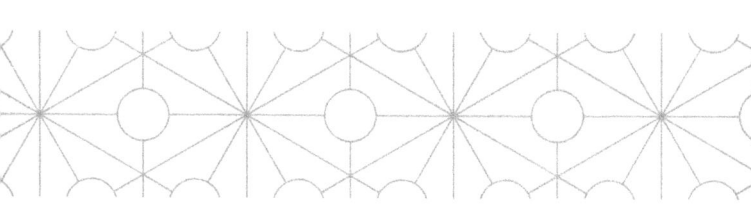

GLÜCKSELIG IV

Klarheit ist angesagt. Es gehört
zum Glauben, dass wir uns zutiefst
gegen faule Kompromisse wehren.

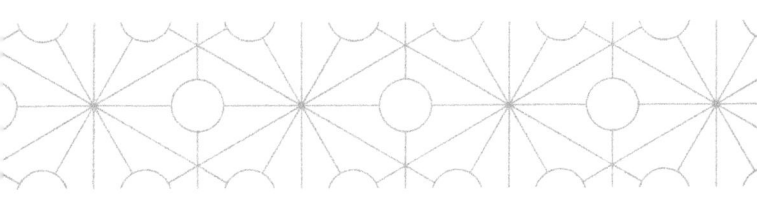

GLÜCKSELIG V

Vergiss nie die frohe Botschaft:
Fürchtet euch nicht!

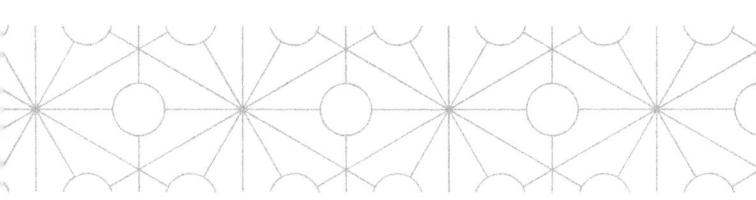

HIMMLISCH?

Wenn manche behaupten:
»Du kommst in den Himmel,
wenn du dein Leben innerhalb
bestimmter Schranken lebst« –
und auch genau sagen können,
was die Voraussetzungen sind, dann
bin ich für einen Moment sprachlos.
Dann denke ich: Die tun so, als
wenn sie schon dort gewesen wären
und ein Rückfahrtticket gehabt
hätten.

WAHRHEIT

Was laut und aufdringlich
daherkommt, kann nicht die
Wahrheit sein.

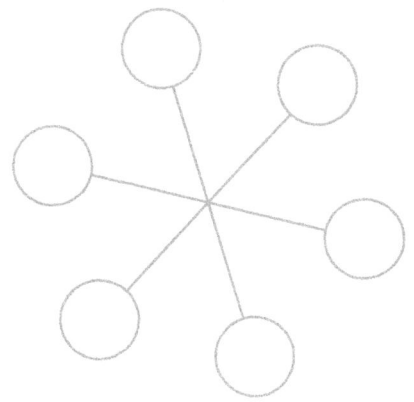

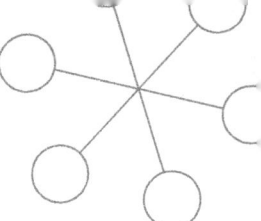

FREIHEIT

Im Johannesevangelium heißt es:
»Die Wahrheit wird euch frei
machen.«

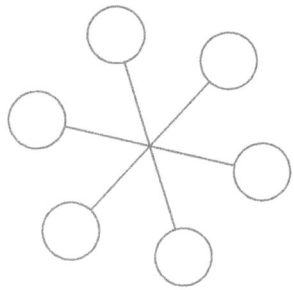

UMKEHRUNG

Roland Breitenbach (1935–2020), katholischer Priester, Pfarrer in Schweinfurt und Schriftsteller, hat diesen Satz einmal umgekehrt und gesagt: »Die Freiheit macht euch wahr.« Und es stimmt: Die Wahrheit des Glaubens, von der wir sprechen, ergibt nur Sinn, wenn du auch wirklich frei agierst. Das ist eine meiner wichtigsten und größten Erfahrungen.

AUF UND DAVON

Mögen wir noch so
gebunden sein, unser Geist
kann sich wie ein Vogel
auf und davon machen.

GELASSENHEIT

Wer nicht glaubt, hat vom Jenseits
kaum eine Ahnung.
Wer glaubt, achtet das Diesseits
und blickt gelassen zum Himmel.

PERSPEKTIVEN

Gute, alte Wege und Zeiten müssen
nicht unbedingt zum Ziel führen.
Es braucht immer auch neue Wege,
für jede Generation, für jede Kirche,
damit die Vergangenheit uns nicht
wie ein Klotz am Bein hängt und
am Vorwärts- und Weiterkommen
hindert.

ALLES GEREGELT?

Die Botschaft des Christentums ist revolutionär. Was haben wir daraus gemacht? Religiöse Gesetze, in denen nur die Pflichterfüllung das Heil bringt: Gebote, Ordnung, Gesetz sind wichtig – von Liebe ist leider viel zu wenig die Rede.

REGELN

Es gibt Situationen, in denen
wir Regeln brechen müssen, um
dem Menschen zu dienen und
das Liebesgebot Jesu zu erfüllen.

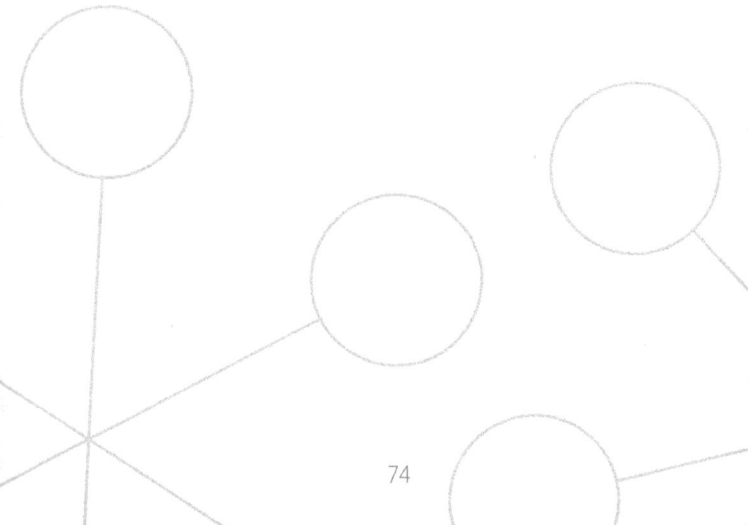

NAH UND KURZ

Der nächste Weg zu Gott führt
durch die Tür der Liebe.
Der kürzeste Weg zu ihm durch
ein Gebet.

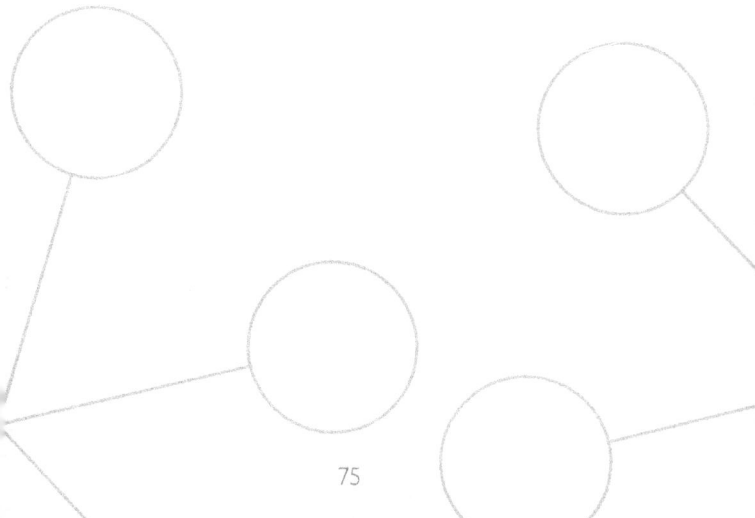

AM KÜRZESTEN

Wer nicht überall, wo er ist,
beten kann, wird auch nicht
in eine Kirche gehen!
Der kürzeste Weg zu Gott ist
ein Vaterunser.

FREIHEIT

Oft stecken wir in kirchlichen Geboten fest, aber Gott ist dann sehr weit fern. Denn der Glaube, den Jesus von Nazareth verkündet hat, ist durchwebt von der Botschaft der Freiheit.

ZEITGEMÄSS?

Viele Gebote, Gesetze und Regeln
haben ihre Zeit – und damit auch
ein Verfallsdatum. Sie müssen
ständig an der Liebe und der
Mitmenschlichkeit überprüft
werden: Was ist wirklich gut oder
schlecht, richtig oder falsch,
hilfreich oder hinderlich,
menschlich oder unmenschlich?

ZUWENDUNG

Jesus atmet den Geist der Freiheit –
die religiöse Gesetzesstrenge seiner
Zeit hat er konsequent abgelehnt,
wenn sie nur auf Äußerlichkeiten
bedacht war.
Er war kein Revolutionär oder
Rebell. Jesus war vor allem ein
Liebender. Mit seinem ganzen Sein
hat er sich den Menschen
zugewandt. Darum geht es.

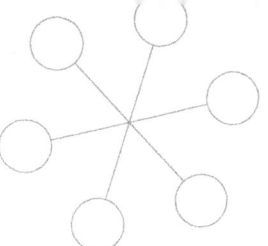

AUFTRAG

Als Christinnen und Christen
haben wir die Aufgabe, die
Menschen zu begleiten und
nicht zu gängeln.

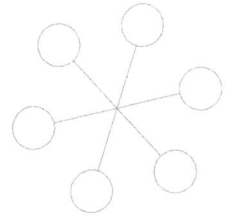

NUR SO KOMMEN
WIR WEITER

Das Kreuz erinnert an Jesus, der
jeder und jedem eine Chance gab,
neu anzufangen. Unsere Aufgabe ist
es, wach zu sein für das, was dran ist.
Gut mit anderen und mit uns selbst
umzugehen. Sich nicht bloß von
Stimmungen leiten zu lassen, nicht
einfach irgendetwas nachzuplappern,
sondern Position zu beziehen.
Auch einmal Gewohntes infrage
zu stellen – denn nur so kommen
wir weiter.

ALTERSWEISHEIT

Reibung ist nicht schlimm,
sie bringt auch Wärme.

HABEN UND SEIN

Es gibt Dinge, die können wir selbst beeinflussen – und solche, die wir nicht in der Hand haben. Wer aber ständig Dinge begehrt, die er am Ende nicht bekommen kann und auch nicht im Griff hat, der kann sich nur unglücklich machen.

BOTE UND BOTSCHAFT

Es gibt Menschen, die können
eine halbe oder eine ganze
Stunde über etwas reden, und
am Ende weiß man trotzdem
nicht so ganz genau,
was sie eigentlich gesagt haben.

WENDUNG

Hü oder hott? Das sind zwei
entscheidende Befehle, die jemand,
der ein Pferdefuhrwerk lenkt,
können muss. Rechtsrum – oder
links? Wenn wir uns nicht
entscheiden, passiert entweder
gar nichts – oder, wenn wir zu wild
agieren, ein Unglück.

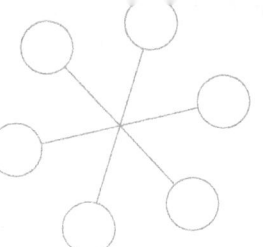

MUT

Wir müssen feststellen, dass
überhaupt keine Gefahr besteht,
wenn wir aus dem christlichen
Glauben heraus aufbrechen und
auf Menschen neu zugehen und sie
fragen, wonach sie sich sehnen.
Wenn wir permanent darüber
nachdenken, ob sich jemand über
unser Tun aufregen könnte – dann
passiert immer weniger.

SEHT, WELCH EIN MENSCH...

Jesus kannte keine Berührungs-
ängste. Und er hat auch nicht
immer das gemacht, was die
geistlichen Anführer seiner Zeit
von ihm verlangt haben.

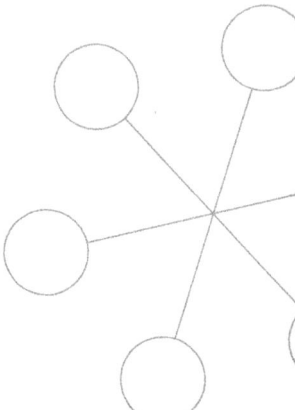

OHNEGLEICHEN

Der Gottessohn war überhaupt total ungewöhnlich unterwegs. Sein Leben und Sterben sind bis heute ohnegleichen. Angefangen bei den Umständen seiner Geburt in einer einfachen Feldscheune über die Auswahl seiner Wegbegleiter und -begleiterinnen und die zahlreichen Wunder, die er vollbracht hat – bis hin zum Tod auf dem Hügel Golgatha und seiner Auferstehung am dritten Tag danach.

KIRCHE

Jesus steht für die Freiheit. Seine Botschaft lautet: Egal, in welcher schlimmen Lage ihr gerade steckt, innerlich seid ihr frei. Ihr sollt euch nicht ständig von irgendwas niederdrücken lassen, ihr seid geliebt!

WORUM GEHT ES EIGENTLICH?

Es ist schrecklich zu sehen, wie an manchen Stellen vermeintlich »im Auftrag des Herrn« agiert wird. In dem Moment, in dem die Angst anfängt, unser Leben zu beherrschen, ist die Freiheit weg.

DIE ANDEREN

Wenn wir uns fragen: »Was werden die Leute sagen?« oder »Was wird der Bischof sagen, was wird der Papst sagen … und so weiter?« Ist es das, worum es in der Kirche als der Gemeinschaft der Glaubenden geht?

JA, DU

Du hast das Recht,
nicht einsam zu bleiben.

UNTER STROM

Heiligkeit ist unser aller
Bestimmung und Wirklichkeit.
Es ist wie bei einem Zug, der durch
die Nacht fährt. Derselbe Strom,
den sich die Lok von oben aus der
Hochspannungsleitung holt, speist
alle Stromabnehmer – vom viele PS
starken Elektromotor bis hin zur
kleinen Leselampe in den Abteilen.

LEUCHTE!

Egal, wie viele Watt einem jeden Einzelnen zugemessen sind auf seiner Reise durch dieses Leben und wie viel er jeweils auszuleuchten hat – an Allerheiligen geht es darum vor allem um zwei Worte: Mensch, leuchte!

ENERGIE

Verwandle Gottes Energie in
Licht für die Deinen. Dann
weißt du jetzt schon, wohin du
gehörst, spätestens wenn deine
Fahrtstrecke einmal um ist.
Unsere ganze geballte Konzentration sollte mehr denn je
ausschließlich der Frage gelten,
wie wir uns selbst und der Welt –
gerade jetzt – Gutes tun können!

FREI SEIN

Wer sich befreit von Ängsten und
Zwängen, verändert sich.
Er fängt an zu strahlen.

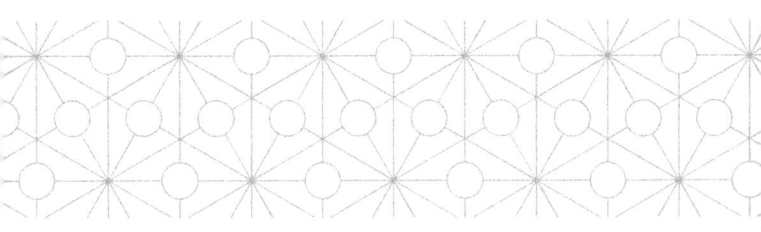

ZUVERSICHT

Alles wird sich fügen, die Knoten
werden sich lösen. Wenn du
daran glaubst, dann entsteht ein
Gleichmut und erwächst eine
Kraft, die dich trägt. Egal, was
kommt. Du wirst nicht untergehen.

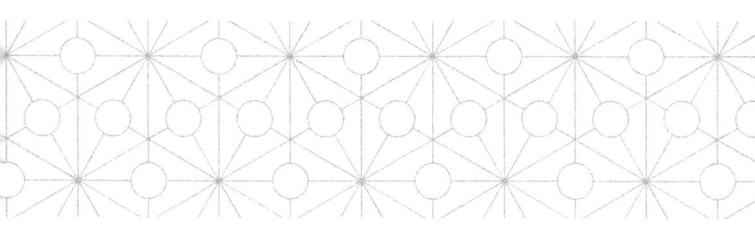

GUTE NACHRICHT

Natürlich weiß ich, was es bedeutet,
wenn wir eine Regenbogenfahne
vom Kirchturm hängen. Dass es
Ärger geben kann – und vermutlich
auch so sein wird. Aber ich wüsste
trotzdem nicht, warum ich mich an
dieser Stelle zurückhalten sollte.

So eine Fahne schaut ja schön aus –
und nicht nur das: Der Regenbogen
ist ein Zeichen des Bundes zwischen
Gott und den Menschen.
Die Sintflut geht zurück.
Alles wird gut. Was für eine tolle
Nachricht! Mir gefällt das.

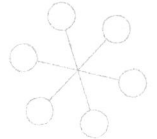

WORAUF ES ANKOMMT

Gegenseitiger Respekt und
Wertschätzung sind der
Schlüssel für viele wunderbare
Entwicklungen.

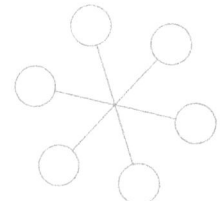

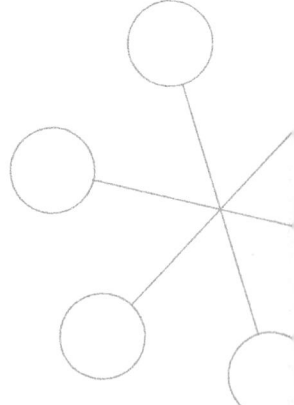

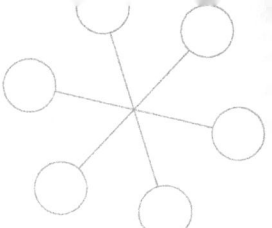

MEHRWERT

Wer sich selbst etwas wert ist,
kann auch für andere wertvoll,
liebenswert sein, kann teilen und
verschenken, was er hat, und
erschafft so ein Fundament, auf dem
auch andere aufbauen können.
Dann kann sich das Neue an unserer
Zeit durchsetzen: Brüderlichkeit,
Gewaltfreiheit, Frieden.

WUNDERBAR

Es ist alles schon da,
es liegt alles nur an uns!

EINS

Quelle, Bach, Fluss und Meer sind eins, wie das Leben von seinem Anfang bis in den Tod.

WUNDER

Das Samenkorn ist das Wunder schlechthin: Es hat die Kälte des Winters ertragen und so die Kraft gesammelt, um im Frühjahr die Erde zu durchbrechen.

ALLES ANDERS

Wir sollen nicht immer vom
Schrecken des Todes reden,
wenn er uns doch zu neuem
Leben führen will.

AUSBLICK

Wer den Sonnenaufgang
bewundern will, muss in der Nacht
auf den Berg steigen.

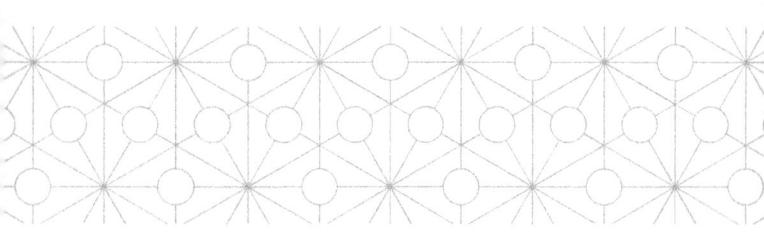

GANZ WESENTLICH

Du musst die Leute mögen.

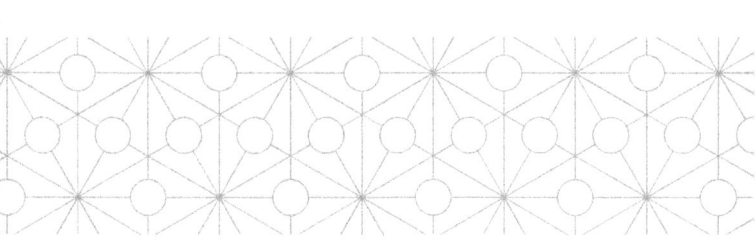

HOFFNUNG

Was wir selbst tun können,
um die Welt ein wenig besser zu
machen, ist eine wichtige Frage.
Anregungen finden sich im
Matthäusevangelium im 25. Kapitel,
wo Jesus ein Gleichnis über die
sogenannten Sieben Werke der
Barmherzigkeit erzählt.

GUT UND BÖSE

Ich selbst bin für mein Leben
verantwortlich. Und auch dafür,
ob durch mein Handeln Gutes
geschieht oder Unheil.

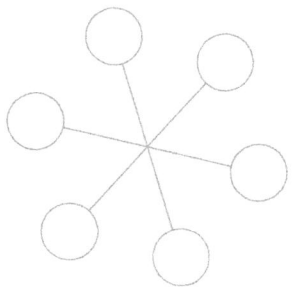

JETZT

Es gilt, im Jetzt zu leben, nichts auf
später zu verschieben, das zu tun,
was zu tun ist. Und vor allem auch
das, was uns Freude macht!

SO SCHÖN!

Hol dir ein großes Stück der Torte
Leben und genieße!

WIE GUT!

Jeden Tag haben wir die Chance
für einen Neuanfang. Und wir
können Gott darum bitten, dass
er uns die nötige Konzentration
auf das Wesentliche schenkt, damit
wir erkennen, was wirklich zählt.
Es dreht sich nicht alles um dich,
aber vielleicht kommt es heute
auf dich an?

ERKENNTNIS

Es gibt keine Zufälle
im Leben. Das Einzige,
was zufällt, ist eine
Tür – wenns zieht.

DEN WANDEL GESTALTEN

Das Leben bedeutet, mit der Zeit zu gehen, sich zu verändern. Nicht starr zu werden.

Wandlung ist ein Grundprinzip des Lebens. Das gilt für jede und jeden Einzelne(n), aber auch für Organisationen.

Es gilt immer wieder den Kurs zu überprüfen, auf dem wir unterwegs sind – und im Zweifelsfall gegenzusteuern, wenn wir merken, dass es in die falsche Richtung geht.

ANDERS ALS GEDACHT

Der Psychotherapeut Viktor Frankl drückt es so aus: »Mensch sein heißt ja niemals, nun einmal so und nicht anders sein müssen; Mensch sein heißt immer, immer auch anders werden können.«

FESTHALTEN

Es gehört zum Leben, dass alles
im Fluss ist; sich alles ändern wird,
ja ändern darf und manchmal
auch muss – weil Stillstand den Tod
bedeutet. Veränderung ist das
Prinzip des Lebens. Und das
braucht Mut.

ERFREULICHE NACHRICHT

Jede umfassende Änderung in
deinem Leben schafft Raum
für Neues.

WORAUF WARTEN WIR?

Warum zögern wir – oder kommen so spät ins Handeln, wenn es darum geht, den über viele Jahre angesammelten Ballast abzuwerfen und uns dem Neuen zuzuwenden?

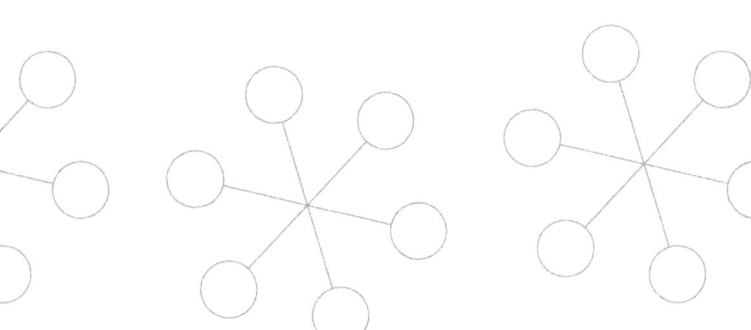

VÄTERLICHER RAT

»Geh mit der Zeit – sonst gehst
du mit der Zeit«, hat mein
Vater immer gesagt.
Wie recht er damit gehabt hat!

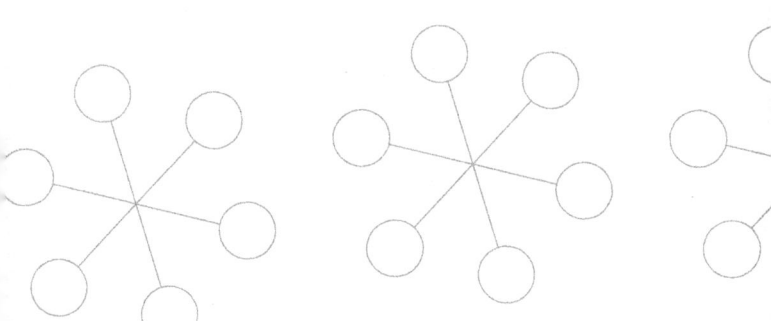

KEINE ANGST, ES WIRD

Wenn wir vor Entscheidungen stehen, etwas Bestimmtes zu tun oder zu lassen, sollten wir uns fragen, ob Angst oder Gier das treibende Motiv für das eine oder das andere sind. Die Gier nach mehr ist ein übler Verführer, gekennzeichnet von einer Maßlosigkeit, die uns dazu bringt, sinnvolle Grenzen aus den Augen zu verlieren.

Und die Angst treibt uns gerne vor sich her – wenn sie uns nicht ausbremst oder vollständig lähmt. Wenn Gier oder Angst die Motive des Handelns sind, ist Vorsicht angesagt.

VON NICHTS
KOMMT NICHTS

Natürlich ist es bequemer,
sich auf nichts Neues einzulassen.
Aber das führt zu nichts!

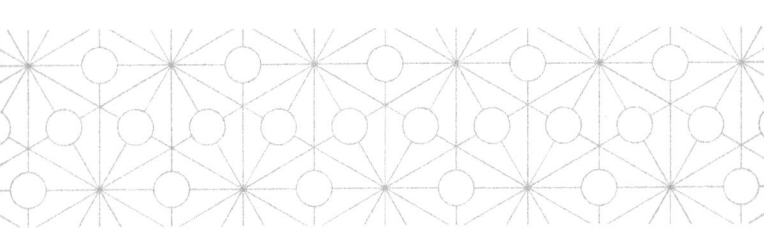

ERKENNTNISSE

Du hast das Recht, zweimal
geboren zu werden.
Und noch einmal: Die größte
Sünde ist das ungelebte Leben!

ZUM SCHLUSS

So soll es heute nicht sein und bleiben: Im Licht denken wir selten an die Finsternis. In Momenten des Glücks nicht an eine Depression, in Gesundheit kaum an eine Krankheit. Dreh einfach den Gedanken für dich um: Das Positive und die Dankbarkeit haben ihre Chance!

Foto: © susanne-krauss.com

Rainer Maria Schießler, geboren 1960, ist katholischer Pfarrer. Durch seine unkonventionelle Art und medienwirksame Aktionen gehört er zu Deutschlands bekanntesten Kirchenmännern. Seine Bücher »Himmel, Herrgott, Sakrament«, »Jessas, Maria und Josef«, »Die Schießler-Bibel« und »Hoffnung – gerade jetzt« wurden zu Bestsellern. Sein Anliegen: Mit zugespitzten Appellen aufrütteln und für eine lebhafte, engagierte Kirche eintreten. Seit 1993 ist er Pfarrer in St. Maximilian in München.

Besuchen Sie uns im Internet:
www.bene-verlag.de

Originalausgabe August 2023
© 2023 bene! Verlag
Ein Imprint der Verlagsgruppe
Droemer Knaur GmbH & Co. KG
Maria-Luiko-Straße 54, 80636 München
Konzeption und Lektorat: Stefan Wiesner
Covergestaltung: Romy Pohl
Cover- und Innenabbildungen: Alex Gontar/Shutterstock.com
Druck und Bindung: CPI books GmbH, Leck
ISBN 978-3-96340-270-8

Kontaktadresse nach
EU-Produktsicherheitsverordnung:
produktsicherheit@droemer-knaur.de

5   4   3   2